Lk 504.

LETTRE

D'UN

CATHOLIQUE

SUR

UN PÈLERINAGE A ARS.

Prix : 50 Centimes.

GRASSE

Typographie & Lithographie H. IMBERT
Rue des Cordeliers, 7.
1859.

Ars, 28 octobre 1858.

Mon ami, j'ai reçu votre lettre de Genève; j'y ai lu avec plaisir les intéressants détails que vous me donnez sur l'état de l'Église catholique, dans cette patrie de Calvin. Je vous remercie de m'avoir abonné aux *Annales catholiques* et de m'avoir fait connaître le savant et pieux curé qui est à la tête de cette publication; seulement, veuillez me permettre une observation dont je ne défends pas à tout prix la valeur, mais qui m'est inspirée par ce qui se passe en Angleterre et même par les persécutions de la Suède et les mesures intolérantes de la Suisse. Je trouve qu'on fait beaucoup trop d'honneur au protestantisme en s'occupant de lui. Il me semble qu'il se débat dans les convulsions de l'agonie et qu'on galvanise ce mourant par une polémique inutile. Les éléments de destruction sont en lui-même. Il ne tardera pas à expirer, sinon de fait, parce qu'il est soutenu politiquement, au moins moralement. Laissons-le faire. Ayons seulement charité pour ces frères égarés, mais que toute notre attention, que toute celle de ces athlètes de la Foi, de ces hommes illustres dont nous admirons si souvent ensemble le talent et l'éloquence, se reporte vers les hérésies de l'époque; hérésie sociale d'abord, puis hérésie orgueilleuse des systèmes qui prétendent reposer sur des théories scientifiques et dont le dernier mot est le matérialisme le plus complet. Oui, mon ami, qu'on réponde aussi à ces prophètes de malheur, qui annoncent la fin du règne du Christ, de sa religion, et à cette phrase jetée à tout propos par des frères catholiques sans nationalité et sans orgueil : *Le catholicisme a fait son temps, il ne peut plus ressaisir la société.* Désirons, demandons qu'on profite du temps d'arrêt qui nous est donné, pour conjurer ces tempêtes sociales et religieuses dont les mugissements précurseurs se font entendre de tous les points de l'horizon. Oh! mon ami, mon frère, pour nous qui comprenons la sainte folie de la croix et dont la foi illumine toutes les beautés, toutes les splendeurs de cette chère et continuelle vision de nos cœurs, quelle douleur de ne pouvoir nous faire comprendre!

Ne vous est-il pas souvent arrivé dans ces heures suprêmes de recueillement et d'extase, où vous priez seul au déclin du jour, dans un de nos pieux sanctuaires, ne vous est-il pas arrivé, dis-je, de répandre des larmes amères, en pensant à l'ignorance, à l'aveuglement, au mépris superbe des hommes contre notre divin Crucifié? N'avez-vous pas ressenti un peu de cette douleur infinie qu'il dut éprouver au Jardin des Olives, en voyant l'inutilité de sa mort pour le grand nombre? Oh! vous avez bien souffert et votre peine a été si grande que vous avez été obligé de voiler le tableau et de jeter des fleurs sur l'abîme. Alors, par une sainte et douce illusion vous avez fait cheminer ce monde si plein de folie et de haine entre ces deux termes de notre symbole : *Je crois en Dieu... la vie éternelle.* Vous avez demandé dans une prière ardente que l'anathème lancé contre lui fut retiré, et au lieu de ce terrible *væ mundo*, vous avez mis sur son drapeau la devise de ces immortelles béatitudes prononcées par Jésus sur la montagne, et dont l'accomplissement apaise l'âme et couronne le malheur. Vous avez fait entrer l'humanité dans l'*âge d'or du Christ* où tout s'élève, tout s'agrandit, tout se sanctifie à l'imitation de cette divine figure. Vous avez dit arrière aux philosophies, aux systèmes orgueilleux dont les secrets n'ont abouti qu'à détourner la pensée des véritables horizons, des vraies hauteurs de l'entendement, et vous avez fait suivre à l'esprit la route de la Foi qui n'ôte rien à son développement, mais qui lui fait faire un noble usage de ses facultés, en délivrant l'intelligence de la perturbation et du doute, et en la faisant marcher d'une manière rationnelle sous l'égide d'une autorité tutélaire et divine. En suivant votre chemin, vous avez rencontré le chrétien pansant les plaies du Samaritain et vous avez dit : *mais c'est l'âge d'or du Christ*, c'est-à-dire, *celui de la sainte charité qui est compatissante et douce, qui n'est point envieuse :* Alors vous avez aperçu comme récompense et comme enseignement à la résignation des maux de la vie présente, la promesse d'une vie éternelle. Elle vous a semblé apaiser cette soif ardente des jouissances matérielles, cette ambition turbulente et fiévreuse qui veut se substituer violemment à la place de celui qui les goûte, et qui pour arriver à ce but *court aux barricades pour les trente deniers de Judas* (1). Vous savez que le chrétien attend l'heure de Dieu, et vous avez vu s'éloigner le mauvais génie des révolutions, parce qu'il ne trouvait plus d'esprits en délire devant cette espérance des sérénités et des bonheurs célestes. Oui, mon ami, notre foi catholique peut seule sauver le monde ; elle donne toutes les grandes inspirations qui sont les gardiennes

(1) Le Père Archange, sermon sur la Passion.

de la société, qui sont sa gloire; elle préconise la pudeur et la continence qui assurent l'honneur et la sécurité des familles. N'est-ce pas elle qui a sanctifié la chasteté et placé les vierges à la suite de l'Agneau? D'où émaneront, sinon d'une source sacrée, ces vertus fortes et viriles qui grandissent et élèvent les âmes; la justice qui règle les lois morales, dirige les consciences et fait rendre à César ce qui est à César; la tempérance, la mortification qui honorent l'homme en l'élevant au dessus des sens. Enfin le catholicisme donne le courage, l'héroïsme devant la mort. Sans remonter aux premiers jours de l'Église, nos martyrs d'apostolat sont encore là palpitants sur les terres que nos glorieuses armes viennent de conquérir dans le royaume Annamite : Les victimes de la charité se retrouvent à tous les pas et nous n'avons pas besoin de recourir aux jours illustrés par les Borromée et les Belzunce pour les citer; tout cela se sait, tout cela se répète, tout cela s'avoue; le Père Félix le prêche avec la sublime inspiration du talent et de la foi du haut de la chaire de

Notre-Dame, de cette chaire que nous aimons toujours, ami; où notre jeunesse a été initiée aux grands enseignements catholiques par la courageuse éloquence du Père Lacordaire qui, lui aussi, avait réveillé à grands cris ce monde, ces passagers qui dorment au moment du naufrage; et malgré ces prophétiqnes voix les hommes passent à côté avec incurie, ils se couronnent de fleurs et d'or et vont à l'abîme social, à l'abîme éternel avec ce déguisement de fous. Il faut cependant qu'ils ne prétextent pas l'ignorance. Il faut faire répéter par toutes les voix, même par la nôtre, la dernière de celles qui puissent glorifier Dieu : *Qu'on ne peut être sauvé que par le catholicisme et le catholicisme pratiqué et aimé.*

La réalisation de ce beau rêve, cet *Eldorado* chrétien, je l'ai trouvé, mon ami, au milieu de notre France, en plein dix-neuvième siècle, dans un petit pays du département de l'Ain, appelé Ars, d'où je vous écris. C'est un pauvre village de quelques cents âmes, groupé autour d'une place qui en est le point culminant. Cette place est environnée d'habitations parmi lesquelles on distingue celle des frères de la Ste-Famille, des sœurs de St-Joseph, la maison des Missionnaires qui touche à une jolie chapelle; et puis à l'autre bout de la place l'église, et vis-à-vis le presbytère de M. le curé. J'ai prononcé le grand nom, le patron de ce lieu béni, *le curé d'Ars*. Depuis longtemps j'entendais parler des merveilles qui s'opéraient dans ce sanctuaire privilégié. Un jour de deuil de l'âme et de profonde affliction dont vous connaissez l'objet, j'ai pensé que le Sauveur du monde qui avait marché, lui aussi, dans la voie douloureuse, compterait mes pas, et je suis parti. Avec les chemins de fer il est impossible de prendre un bâton de pèlerin et de suivre une route poudreuse, on ne part qu'avec une locomotive, mais cette machine du progrès n'empêche pas le pèlerinage de l'âme, elle m'a conduit jusqu'à Villefranche (Rhône); j'ai trouvé en débarquant un omnibus pour cet heureux pays d'Ars où habite un saint. J'y suis arrivé à midi. J'ai remis mon sac de nuit à la première hôtellerie que j'ai aperçue et je me suis dirigé vers l'église. J'allais y entrer lorsque j'ai entendu une grande rumeur et ces paroles : « Voici M. *le curé* ! » Tout le monde se mettait à genoux dans la rue, et j'ai vu venir, suivi d'une nombreuse population qui le soulevait et de quelques ecclésiastiques, un prêtre, vieillard profondément amaigri, à la figure osseuse, au teint dur et jauni des anachorètes et des moines de Zurbaran, dont toute la vie s'est réfugiée dans deux yeux si brillants et si inspirés qu'ils sont une vision claire de l'âme qui survit déjà dans ce cadavre dont le mouvement est un miracle. On est étonné, effrayé et on suit. Il est une heure, le saint entre au confessionnal. Ce tribunal du pardon est entouré d'une double haie de femmes de toutes les conditions, de tous les pays, de toutes les langues, de tous les costumes, naïfs et simples. L'église est pleine de pèlerins; des cierges brûlent en faisceaux à l'autel des miracles, à l'autel de sainte Philomène dont les *ex voto*, les tableaux voués à la reconnaissance et à la constatation des guérisons encombrent les murs. Malgré le sentiment de foi qui m'avait amené, je n'avais pas un de ces enthousiasmes préconçus qui ne laissent aucune place à l'observation. Loin de là, je m'étais promis de tout examiner sévèrement et avec cet esprit investigateur que vous me reprochez quelquefois, parce que je me tiens en réserve pour tout ce qui a rapport au merveilleux. Ce n'est pas que je croie le bras de Dieu raccourci, ni que je veuille nier les relations que les saints qui sont encore sur cette terre peuvent avoir avec lui; j'estime très grande au contraire la part qui est faite dans ce monde surnaturel, à ces âmes priviligiées dont les vertus et les luttes ont triomphé de la nature; et, sans me permettre de me prononcer sur aucun fait particulier, j'admets largement la question générale comme source de dignité, de force et d'espérance pour l'homme. J'étais donc dans des dispositions excellentes pour juger impartialement. Dès lors je voulais tout voir par moi-même. Je fus donc prendre quelques soins et une légère collation de voyageur, et je revins à l'église à cinq heures. Le curé sortait du confessional et se rendait à la sacristie pour entendre les hommes; on lui présentait des images, des croix, des chapelets pour qu'il les touchât : on le suivait, on le portait.

Pendant que j'étais dans le sanctuaire mêlé à ceux qui attendaient pour se confesser, j'ai entendu raconter le fait suivant qui venait de se passer : Un homme du département de Vaucluse avait fait le voyage pour demander au curé, s'il n'y avait pas une somme d'argent dans la maison de son père qui venait de mourir. Les voisins lui avaient dit qu'elle y était cachée; Il était entré à son tour dans la sacristie : Le curé, contre l'ordinaire, avait retenu près de lui le pénitent qui devait sortir, en lui disant : « *restez, mon ami;* » puis, sans laisser à l'autre le temps de s'expliquer, et, l'arrêtant après ces seules paroles qui lui avaient été adressées : mon père; « *ne cherchez pas, mon ami,* avait-il dit, *il n'y a rien; vous pouvez vous en aller; vous n'êtes pas venu pour votre âme.* » L'étonnement de ce don de prescience inspirait l'effroi à tout ce peuple. J'ai entendu prononcer des prières avec une émotion suprême. J'ai surpris des larmes de contrition et des élans exprimés par des aspirations ardentes. On voyait descendre des rayons de lumière sur tous ces fronts inclinés. Les âmes grandissaient; les cœurs s'élevaient; et, quelque résistance qu'on voulut opposer, on était saisi, dominé par un sentiment impérieux de foi, qui terrassait victorieusement la tentation que l'esprit des révoltes qui poursuit toujours et en tout lieu son œuvre de ruine, ne manque pas de susciter dans les âmes de ceux qui peuvent rendre témoignage de ces merveilles de la grâce. A sept heures, le curé monte en chaire pour faire la prière. J'étais au fond du sanctuaire toujours en observation au son de cette voix humainement impossible. J'ai quitté ma place et je suis venu voir l'*âme* qui rendait de pareils accents; ce sont des cris au ciel, des notes d'amour pour Dieu, la plainte des exilés des bords du fleuve de Babylone. Je ne connais pas d'expression pour rendre cela. Mes yeux ne pouvaient se détacher de cette sainte figure de vieillard, si souffrante, si macérée, dont la voix éteinte, creuse, ensevelie, appelait cependant Dieu si haut et avec tant de larmes et d'amour. Enfin il est huit heures, le curé sort. En ce moment une multitude de femmes se pressent sous le porche, pour attendre pendant la nuit, afin d'être les premières au confessionnal. J'ai vu de grandes dames qui voulaient une place, offrir de l'argent aux pauvres paysannes pour l'acheter, être refusées par ces simples paroles : « *Chacun est pour son compte au confessionnal de M. le Curé.* » On ferme l'église ; tout est fini. On va se coucher. A Ars ce ne sera pas pour longtemps. M. le curé revient à une heure du matin au saint tribunal ; malgré ma fatigue et mes nuits passées en chemin de fer, je me suis levé à deux heures. J'ai été à l'église ; le curé confessait déjà ; un grand nombre de fidèles l'attendaient. L'autel de Sainte-Philomène était illuminé ; un jeune prêtre et quelques femmes y priaient : j'ai traversé et j'ai été dans le chœur reprendre la place que j'y avais le soir. La petite lampe de nos sanctuaires n'y jetait qu'une faible clarté. L'obscurité, le silence, l'heure, le rapprochement du saint tabernacle, ont jeté mon âme dans une profonde méditation religieuse ; j'ai examiné sévèrement ma vie en regard des vérités éternelles, depuis les jours insoucieux de mon enfance jusqu'à l'heure actuelle de mon existence. J'ai senti, en repassant ces différentes phases, la grande et providentielle action de Dieu sur mon âme rachetée ; j'ai compté et supputé les années et les jours de miséricorde et de grâce, les sentiments intimes et profonds qui m'avaient ému dans la vie, les secrets appels faits à ma conscience ; les visions saintes qui m'étaient apparues pour m'encourager aux heures redoutables. Oh ! souviens-toi, m'ont crié toutes ces voix mystérieuses : *Remember*, souviens-toi. Je me suis relevé de cette prière, épris de douleur et d'amour pour Dieu et pour ce monde qui lui appartient et dont je voudrais lui donner le cœur. Au milieu de ce silence pieux et recueilli, j'ai entendu une voix convulsive traverser la voûte ; j'ai quitté ma place pour aller au secours de celui qui souffrait. Je me suis informé d'où venait cette plainte : *mais*, m'a dit une pauvre femme, *c'est M. le Curé qui tousse toujours ainsi, quand il confesse. Il va aller comme cela toute la nuit.* Je me suis agenouillé et j'ai remercié Dieu d'avoir donné à son Église des martyrs de tous genres. J'ai attendu l'heure de la messe de sept heures. Mon ami, il est des impressions qui ne peuvent se rendre et qu'il faut éprouver soi-même pour les comprendre. Tout ce que je puis vous dire c'est que pendant cette messe toutes les âmes étaient suspendues dans une commune pensée autour de cet autel où se célébrait notre saint sacrifice; c'est que la foi se trahissait par les regards, par l'attitude; que la prière était ardente. Nous sentions l'état de victime dans lequel s'offrait notre Sauveur Jésus. Nous étions tous prosternés devant la croix du calvaire de la Passion. La communion est très nombreuse; elle se fait toujours avec ordre. Après la messe et l'action de grâces, M. le curé bénit les croix et les médailles; puis il se retire quelques minutes chez lui et revient confesser les hommes jusqu'à onze heures où il

fait le cathéchisme. Il est impossible encore de vous traduire cette prédication. Les paroles ne seraient rien, reproduites et dépouillées de l'accent, des larmes, des gestes sublimes par lesquels le saint couvre sa figure en signe de douleur, en pensant qu'il y a des âmes qui perdent leur éternité et qui ne verront pas Dieu au ciel. Et tout cela dit avec cette voix creuse et stridente à la fois, dont on ne peut rendre l'effet. Le reste de la journée s'est passé comme la veille; visite des malades, à une heure retour au confessionnal, à sept heures prière, et de nouveau la nuit passée au saint tribunal. Pendant les trois jours que je suis resté à Ars, j'ai vu se renouveler aux mêmes heures et aux mêmes moments les exercices de cette sainte vie. Un missionnaire diocésain sert de vicaire à M. le Curé, et l'aide dans l'administration de la paroisse. Pendant l'été, un de ses confrères vient encore prêter les secours de son ministère, car les pèlerins, toujours si nombreux à Ars, y affluent dans cette saison. C'est à un de ces missionnaires, M. T., qu'on doit d'avoir démasqué un imposteur qui exploitait le nom vénéré du Curé, et qui s'en est vengé par d'injurieux pamphlets. L'autorité ecclésiastique se tient, on le sait, dans la plus sévère réserve, et aucune biographie n'est approuvée. Enfin, mon ami, il faudrait un *réalisme* céleste pour vous peindre fidèlement la physionomie de ce petit coin de terre béni, pour vous rendre toutes les émotions qu'on éprouve dans ce pieux sanctuaire jeté au milieu du monde pour en conjurer les malheurs, car les élus en sont la force et le salut. J'ai rencontré là une femme riche et dans une position sociale élevée qui pleurait sa fille et à laquelle le curé avait dit : « *Consolez-vous, Madame, elle va entrer au ciel.* » J'ai vu une malheureuse atteinte d'un mal affreux, qui ne connaissait d'autre langue que l'idiôme provençal, venir me prier à genoux de lui servir d'interprète pour faire sa demande, être comprise du Curé sans mon secours. J'ai vécu ces trois jours dans une atmosphère au-dessus des horizons terrestres, participant à toutes les joies ineffables de la foi, de la religion, de l'ordre surnaturel. *Je croyais et j'ai vu; j'aimais et j'ai senti.* Et ainsi que je le disais à un ministre protestant qui essayait de faire du prosélytisme en chemin de fer, oh! arrière, arrière, n'entendez-vous pas le monde demander dans un suprême appel *des saints, des saints!* Laissez passer la phalange des saints et notre catholicisme qui seul peut les donner à la terre!

Adieu, ami, Foi et Fidélité.

P. D. S.

P. S. Encore un mot. En ce moment, M. le curé d'Ars, a commandé un magnifique autel pour la chapelle de Sainte-Philomène; il a déjà parlé de celui de la Sainte-Vierge, dans le courant de l'année; les autels appelleront d'autres chapelles et les chapelles une autre église, qui sait? Qui connaît la destinée réservée à ce sanctuaire? Les tombes des saints proclament la puissance de Dieu. Ce serait donc une pensée féconde et catholique de solliciter quelques offrandes dans ce but, je la recommande à votre zèle pieux.

Je reçois à l'instant une lettre d'Ars, d'un pèlerin que j'y ai envoyé, qui confirme ce que je viens de vous dire : le saint curé a placé au haut du tronc de l'autel de Ste-Philomène, un avis ainsi conçu, *signé par lui :* « En continuant son œuvre des mis-
» sions diocésaines, M. le curé d'Ars désire
» agrandir son église et ériger à la Sainte-
» Vierge et à Sainte-Philomène, deux ma-
» gnifiques autels, en actions de grâces. Il
» a recours à la pieuse générosité des pè-
» lerins, qu'il n'oubliera pas devant Dieu. »

Oh! mon ami, soyons tous pèlerins par notre offrande.

www.ingramcontent.com/pod-product-compliance
Lightning Source LLC
Chambersburg PA
CBHW060616050426
42451CB00012B/2277